Sombreros

Escrito por Janie Spaht Gill, Ph.D.
Ilustrado por Elizabeth Lambson

Dominie Press, Inc.

2

¿Cuál sombrero me pongo para la fiesta de esta noche?

¿Está bien
el sombrero flojo, éste?

¿Está bien
el sombrero tonto, éste?

¿Está bien el sombrero
de disfraz, éste?

¿Está bien
el sombrero para lluvia, éste?

¿Está bien
el sombrero para sol, éste?

¿Está bien el traje
de Halloween, éste?

¿Está bien
el sombrero grande, éste?

¿Está bien el sombrerito, éste?

¿Está bien
el sombrero negro,
alto brillante, éste?

No puedo decidirme
por ninguno, así que
los voy a amontonar
todos encima de mi cabeza.

Actividades de extensión del currículo

Sombreros

- Pida a cada niño que haga un sombrero de papel. Las niñas pueden hacer sus sombreros de platos de papel, haciendo pasar hilaza por los lados para que se coloque debajo de la barbilla. Los niños pueden hacer sombreros altos estilo Abraham Lincoln, haciendo un cilindro de papel negro para la parte superior. Pueden hacer la parte de abajo de papel negro cortando un círculo grande con un hoyo en el centro. Entonces se pasa el cilindro por el hoyo. Se pueden decorar ambos sombreros usando trozos de papel, lentejuelas, brillo, cuentas, papel de construcción, flores etc. ¡Los niños entonces pueden hacer un desfile de sombreros!

- Usando los sombreros mencionados arriba, los niños pueden ordenarlos según el color, el tamaño y la forma. Se puede crear una gráfica de barras para mostrar los resultados. Los niños también pueden votar por el sombrero mas chistoso, el más alto, el más original, el más ancho, etc.

- Junto con los niños, piense en sustantivos que comiencen con una letra dada. Pida a cada niño que escoja una palabra para hacer el respectivo dibujo. Entonces pida al niño que escriba la palabra debajo del dibujo. Ordene las palabras de las más altas a las más bajas. Los niños podrían ordenarlas en categorías tales como animales, comidas, nombres, etc.

- Pida a cada niño que cree su propio libro de sombreros, siguiendo el patrón usado en el libro. En cada página, el niño dibuja un sombrero, y debajo del sombrero, él o ella escribe: "¿Me pongo mi sombrero _____?" "¿Mi sombrero _____?", etc.

Acerca de la Autora

La Dra. Janie Spaht Gill aporta a la escritura de sus libros para niños veinticinco años de experiencia como maestra. Durante su carrera hasta el momento, ha sido maestra en todos los niveles, desde kínder hasta la universidad. Janie Gill tiene un doctorado en educación de lectura con especialización secundaria en escritura creativa. Actualmente reside en Lafayette, Louisiana, con su esposo, Richard. Sus temas frescos y humorosos son inspirados por cosas que dicen los estudiantes en sus lecciones. Gill fue nombrada Maestra del Año en Educación Primaria de Louisiana 1999–2000, por su sobresaliente labor en la educación de los niños del estado.

Dedicado a Shannan, mi pequeña florcita.
Janie Spaht Gill

Director General: Raymond Yuen
Consultora Editorial: Adria F. Klein
Editor Ejecutivo: Carlos A. Byfield
Diseñadora: Natalie Chupil
Ilustradora: Elizabeth Lambson

Publicado por:

℗ Dominie Press, Inc.

1949 Kellogg Avenue
Carlsbad, California 92008 EE.UU.

www.dominie.com
(800) 232-4570

Cubierta de cartón ISBN 0-7685-2868-2

9   17
Impreso en México